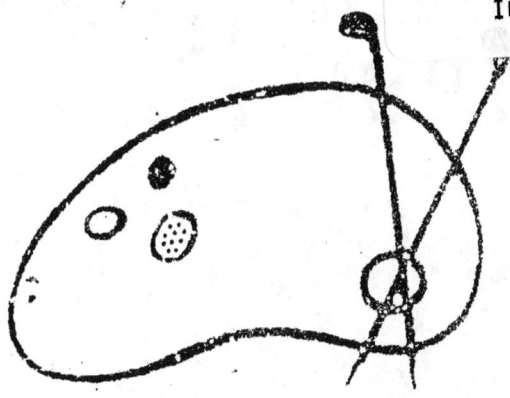

Couvertures supérieure et inférieure
en couleur

COUVERTURES SUPERIEURE ET INFERIEURE D'IMPRIMEUR

BIBLIOTHEQUE

DES

PETITS ENFANTS

APPROUVÉE

PAR Mgr L'ARCHEVÊQUE DE TOURS

2e SÉRIE

Les Patineurs.   1

LES
PATINEURS

OU

LES PLAISIRS DE L'HIVER

PAR

STÉPHANIE ORY

TOURS

ALFRED MAME ET FILS, ÉDITEURS

—

1877

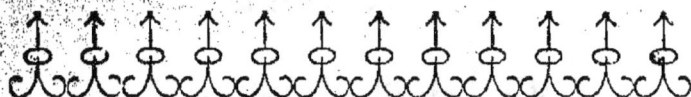

LES

PATINEURS

—◦—

I

M. Merson, après avoir dirigé avec un succès remarquable une des plus grandes institutions de Paris, située rue Saint-Denis au Marais, a cédé son établissement

il y a quelques années, et s'est re-
tiré au faubourg du Roule, dans
une jolie maison qu'il a achetée
non loin de l'église Saint - Phi-
lippe.

Il aurait pu vivre de ses rentes,
et, comme tant d'autres, passer le
reste de sa vie à ne rien faire ;
mais il était encore jeune, — qua-
rante ans à peine, — et l'habitude
du travail était pour lui un besoin
indispensable, « une seconde na-
ture, » comme on dit. Il avait une
telle horreur de l'oisiveté, que,
répétait-il souvent, il ne vivrait pas
six mois s'il y était condamné.

A l'âge où était arrivé M. Merson,
on ne change pas facilement ses
goûts et ses habitudes. L'éducation des enfants, à laquelle il avait

consacré les plus belles années de sa vie, était, malgré les difficultés pénibles qu'elle offre toujours, l'occupation qui lui convenait le mieux. Former le cœur et l'esprit des jeunes gens, les préparer à devenir des hommes utiles à la société, en faire de bons citoyens et surtout de bons chrétiens, telle était, pensait-il, la tâche que Dieu lui avait imposée ici-bas ; en un mot, telle était sa vocation. Mais alors, dira-t-on, pourquoi avoir quitté son grand établissement de la rue Saint-Louis ? — Pourquoi ? Le voici.

Pour M. Merson, l'idéal de l'éducation est l'éducation de famille. Il est persuadé que le chef d'institution ou de pension doit s'occuper de chacun de ses élèves avec la même sollicitude et les mêmes soins qu'un père aurait pour ses enfants bien-aimés. Ne pouvant, dans une institution où l'on comptait plus de trois cents élèves, descendre à ces mille petits détails qui lui semblaient indispensables, il avait quitté un établissement où il lui était impossible, malgré sa bonne volonté, de remplir sa tâche selon ses vues et de faire le bien comme il le désirait.

Tel était le motif qui l'avait déterminé à céder son établissement du Marais ; mais il n'avait pas pour cela renoncé à sa vocation ; seulement il espérait la mieux remplir sur un plus petit théâtre et en ne prenant pas une charge au-dessus de ses forces. Il avait donc formé, dans sa maison du faubourg du Roule, une petite pension composée de dix élèves d'abord et de douze ensuite, nombre qu'il ne voulut jamais dépasser, malgré les sollicitations pressantes qu'il recevait de tous côtés. Il n'avait voulu prendre également que des enfants de huit à dix ans, et qui sortissent de leurs familles, et non d'autres pensionnats où ils auraient pu contracter des habitudes contraires à celles qu'il voulait faire prendre à ses élèves.

Il n'y avait point de sous-maître dans son établissement. Lui seul se chargea de l'enseignement et de l'éducation; lui seul surveillait ses enfants pendant la récréation et les accompagnait à l'église et à la promenade.

Dans les soins particuliers à donner aux enfants de cet âge, soins qui appartiennent surtout à la mère de famille, il était parfaitement secondé par Mme Merson, sa femme, qui partageait entièrement ses goûts et ses idées. Depuis quinze ans qu'ils étaient mariés ils n'avaient pas eu d'enfants, et les deux époux se dédommageaient de cette privation en reportant sur les enfants qui leur étaient confiés la tendresse et les soins qu'ils eussent été si heureux de prodiguer aux leurs.

Pendant les deux premières années, c'est-à-dire en 1857 et 1858, la pension de M. Merson se com-

posait de dix élèves, savoir : Paul
et Louis Burel, deux frères dont
l'un avait sept ans et demi, et
l'autre neuf ans ; Alfred et Victor
Poirson, deux frères également,
un peu plus âgés que les premiers ;
Ernest Bontemps, âgé de huit ans ;
Alexis Longpré, Félix Ledoyen,
Joseph d'Orchamps, Émile Rochette et Isidore Martel. Tous ces
enfants étaient de Paris, à l'excep-
tion d'Isidore Martel, qui était d'É-
vian en Savoie. Ce dernier était
aussi le plus grand et le plus âgé de
ses camarades, car il avait près de
onze ans, tandis qu'aucun d'eux ne
dépassait la dixième année.

M. Merson n'avait pas l'intention
de franchir cette limite de dix élèves, lorsqu'au mois de juillet 1859

il reçut la visite d'un de ses anciens amis et camarades de classe, M. de Berny, riche planteur de la Guadeloupe, qui lui amenait ses deux fils pour lui confier leur éducation. Comment refuser un ami, un père de famille qui fait neuf cents myriamètres tout exprès pour lui donner cette marque de confiance, et qui menaçait, s'il était refusé, de ramener ses enfants aux Antilles, où ils ne pourraient recevoir qu'une éducation insuffisante, telle qu'on peut la donner dans les colonies? Il se décida donc à prendre les deux fils de son ami, qui se nommaient Octave, âgé de neuf ans, et Léon, de dix et demi. C'est ainsi que sa pension s'est trouvée portée à douze, nombre

qu'il est bien résolu de ne jamais
outre-passer.

II

Ce fut un grand événement,
parmi les élèves de M. Merson,
que l'arrivée des deux créoles de
la Guadeloupe. Leur teint basané,
leur chevelure d'un noir luisant
comme le jais, le léger cercle bis-
tré qui entourait leurs yeux noirs et
brillants du feu de l'intelligence,
leur costume composé d'un large
pantalon, d'un gilet et d'une petite
veste de nankin, sur les épaules de
laquelle était rabattu le col d'une
chemise de couleur laissant le cou
entièrement nu, enfin leur coif-

fure, composée d'un large chapeau
de Panama, tout cela donnait à
leur physionomie quelque chose
d'étrange qui étonna d'abord les
autres pensionnaires, et les tint
dans une sorte de réserve à l'égard
des nouveaux venus. Mais entre enfants de cet âge, la connaissance
est bientôt faite, et la familiarité
promptement établie. Au bout de
deux à trois jours, nos deux Guade-
loupiens comptaient autant d'amis
qu'il y avait de pensionnaires dans
la maison de M. Merson. Leur lan-
gage, mêlé de termes de marine et
d'expressions créoles, avait d'a-
bord excité l'hilarité des plus petits; mais Isidore Martel, à qui son
âge et sa taille donnaient une cer-
taine autorité sur ses camarades,

leur fit sentir l'inconvenance de se moquer de ces jeunes étrangers parce qu'ils n'avaient pas l'accent parisien, et que leur prononciation était accompagnée d'un léger bégaiement. « Vous devriez plutôt, ajouta-t-il, être curieux de leur entendre raconter leur voyage et d'apprendre d'eux une foule de choses intéressantes qu'ils ont vues dans leur pays ou pendant leur longue traversée. Rien n'instruit autant que de voyager. Vous savez ce que dit la Fontaine dans la fable de *l'Hirondelle,* qu'on nous faisait réciter l'autre jour :

Une hirondelle en ses voyages
Avait beaucoup appris. Quiconque a beaucoup vu
Peut avoir beaucoup retenu.

« Eh bien, ils ont vu beaucoup plus de choses que vous tous, qui n'avez jamais dépassé la banlieue de Paris, et que moi-même, quoique j'aie vu les Alpes, le mont Blanc, le lac de Genève, la Savoie, la Suisse et une partie de la France ; et cependant vous m'écoutez avec intérêt quand je vous raconte mes voyages, moi qui ai fait soixante-quinze à cent myriamètres au plus dans ma vie ; que sera-ce donc quand vous entendrez le récit de ces jeunes gens qui ont fait mille myriamètres, et qui sont nés dans un pays et sous un climat si différents du nôtre ! »

Isidore, pour joindre l'exemple au précepte, se lia intimement avec Léon de Berny, dont la taille se rapprochait beaucoup de la sienne, quoique Léon fût de quinze mois plus jeune. En même temps Octave trouva dans Émile Rochette et dans Joseph d'Orchamps deux excellents camarades de son âge, sympathisant parfaitement avec lui.

III

La maison de M. Merson avait dans ses dépendances un vaste jardin servant aux récréations des élèves. Une partie était plantée d'arbres, une autre était disposée en petits jardins dont la jouissance

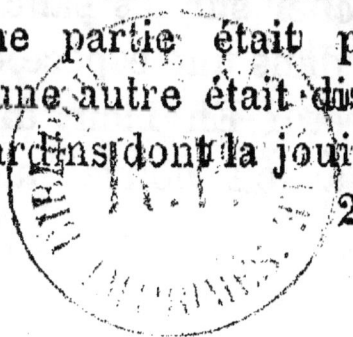

2

et la culture étaient réservées aux élèves ; plus loin, un grand carré était disposé pour les leçons et les exercices gymnastiques, et, tout à côté, un grand bassin, rempli d'eau de Seine, était destiné aux leçons de natation et aux bains froids.

On était alors au mois de juillet, et si mes jeunes lecteurs s'en souviennent, ce mois, en 1859, fut extrêmement chaud. Lorsqu'à la récréation qui suivait le repas de midi, les élèves se rendirent dans le jardin, au lieu de se promener et de courir comme d'habitude, ils allèrent s'asseoir à l'ombre ou se coucher sur les bancs de gazon établis dans une espèce de salle de verdure. « Eh bien, dit Léon de Berny à son nouvel ami Isidore,

est-ce que nous ne jouons pas aux
barres comme hier soir?

— Par cette chaleur; y penses-
tu? mais je suis déjà accablé, et,
sans bouger, je sue à grosses
gouttes.

— Bah! tu appelles cela de la
chaleur? Que dirais-tu donc si tu
te promenais à cette heure-ci sur
l'esplanade de la Pointe-à-Pitre?
Pour moi, j'ai presque froid à
l'ombre ici, et je vais m'amuser à
grimper au mât du gymnase pour
me réchauffer. Viens-tu avec moi,
Octave?

— Je le veux bien, » dit celui-
ci; et les deux frères se rendirent
au gymnase, grimpèrent au mât
droit, coururent sur le mât de
beaupré, et se livrèrent à une foule

d'exercices qui n'étaient peut-être pas selon les règles prescrites par le professeur de gymnastique, mais qui témoignaient de leur adresse et de leur agilité.

« Hein, disait Isidore à ses camarades, qui les regardaient avec étonnement, avais-je raison de vous dire qu'il ne fallait pas se moquer de ces gaillards-là? Lequel de vous en ferait autant qu'eux, surtout par une pareille chaleur? »

Quand, au bout de vingt minutes de ces exercices, les deux frères rejoignirent les autres élèves, Isidore leur dit :

« Comment! vous n'êtes pas en nage ?

— Mais non, répondit en riant

Léon ; seulement je n'ai pas voulu continuer plus longtemps pour ne pas nous échauffer, et maintenant nous allons nous reposer un peu. » Et il s'assit à côté d'Isidore.

« Où ton frère et toi, demanda ce dernier, avez-vous appris la gymnastique ?

— Nulle part, et c'est là le premier gymnase que je vois ; mais pour grimper au mât, se glisser le long d'une corde à nœuds ou sans nœuds, nous avons appris tout cela à bord des navires, soit sur la rade de la Pointe-à-Pitre, soit pendant notre traversée. J'ai monté plus d'une fois jusqu'au mât de perroquet ; d'autres fois j'ai couru tout le long de la grande vergue, et, arrivé au bout, je me précipitais dans la mer, la tête la première; mais papa m'a défendu ce dernier exercice, parce qu'il y a souvent dans ces parages des requins qui n'auraient fait de moi qu'une bouchée.

— Tu sais donc aussi nager? et ton frère?

— Mon frère nage aussi bien que moi.

— Qui donc vous a appris?

— Ma foi, je n'en sais rien; car je ne me rappelle pas plus d'avoir appris à nager que d'avoir appris à marcher.

— Eh bien, ce soir, à cinq heures et demie, nous devons prendre un bain dans le bassin, et tu me donneras une leçon de natation.

— Je serais fort embarrassé de te dire comment il faut faire; mais je te montrerai comment je fais, et tu m'imiteras si tu peux. »

Le soir effectivement il y eut exercice de natation dans le bassin, et nos deux créoles s'y montrèrent d'une habileté surprenante. Octave surtout fit des prouesses qui lui valurent des applaudissements de tous ses camarades et de M. Merson lui-même, qui assistait à cet exercice, et Léon dit à son jeune frère :

« Ma foi, je te fais mon compliment; tu as fait de grands progrès depuis que nous avons quitté la Guadeloupe, et tu étais loin de nager aussi bien quand nous nous baignions en rade de la Pointe-à-Pitre.

— Ah ! répondit naïvement Octave, c'est qu'ici on ne craint pas les requins. »

IV

Dans tous les exercices du corps, dans tous les amusements en usage dans les pensionnats de garçons, aux barres, à la pomme, à la course, nos deux créoles montrèrent dès leur arrivée une supériorité marquée sur leurs camarades. Mais sous le rapport de l'instruction, les pauvres enfants étaient bien en retard ; à peine Octave savait-il lire, et Léon, qui commençait à

écrire, ne savait pas un mot d'or-
thographe. Ce n'était pas l'intelligence qui leur manquait ; mais leur
éducation avait été complétement
négligée, comme cela n'arrive que
trop souvent aux colonies.

S'ils ne manquaient pas d'intelligence, ils avaient peut-être encore plus d'amour-propre, et ils se
sentaient humiliés de leur infério-
rité auprès de leurs camarades,
qui tous, même les plus jeunes,
les surpassaient sous le rapport
de ces connaissances élémentaires
qu'il n'y a pas de mérite à savoir, et qu'il est honteux d'ignorer
à l'âge où ils étaient parvenus.
M. Merson sut profiter habilement
de ces dispositions des fils de son
ami, et en quelques mois il leur

fit faire des progrès rapides. Une circonstance vint favoriser ces progrès. Un mois après l'arrivée des deux frères, tous les autres élèves de M. Merson allèrent passer six semaines de vacances dans leurs familles, de sorte que les deux créoles restèrent seuls à la maison. Ils eurent le bon esprit de mettre ce temps à profit, de manière à étonner leurs condisciples à leur retour.

Isidore surtout n'en revenait pas.

« Ah çà ! dit-il en riant à son ami Léon, tu as donc résolu de me surpasser en tout ? Je me croyais un habile nageur, parce que je m'étais exercé à la natation dans le lac de Genève, et qu'on me disait que

je me soutenais sur l'eau comme
un canard ; toi, tu nages comme
un poisson, et c'est dans la mer
que tu as commencé. A la gymnastique, personne ne pouvait m'é-
galer ; dès le premier jour tu l'as
emporté sur moi. A la course, j'ar-
rivais toujours le premier ; maintenant, grâce à toi, je n'arrive que
le second. Personne ne sautait
mieux que moi ; tu sautes trois se-
melles plus loin. Dans les arts d'a-
grément, la musique, la danse, l'es-
crime, je n'essaie pas même de lutter
avec toi. Il n'y avait que les études
sérieuses dans lesquelles j'étais plus
fort que toi, et où j'espérais con-
server longtemps ma supériorité ;
et voilà que tu te lances aussi de ce
côté, et qu'au train dont tu vas tu

m'auras bientôt rattrapé, et peut-
être dépassé. »

L'amour-propre de Léon était
singulièrement flatté de ces éloges
délicats déguisés sous la forme d'un
reproche.

« Bah ! tu exagères, répondit-il
avec une fausse modestie, et jamais
je ne t'atteindrai dans les études
classiques ; mais si par hasard cela
arrivait, est-ce que tu en serais
jaloux ?

— Moi jaloux ! s'écria en riant
Isidore ; tu ne me connais guère :
j'en serais enchanté, au contraire.
Seulement je t'avouerai qu'il y a
quelque chose de taquinant à penser que je ne puisse avoir sur toi le
moindre avantage ; oui, je voudrais
être plus fort que toi en quelque

chose, n'importe quoi, aux billes, au bouchon ou à la toupie... Ah ! il me vient une idée : toi qui sais tout, sais-tu patiner ?

— Patiner ! fit Léon d'un air étonné ; ma foi, je ne sais pas même ce que veut dire ce mot, car c'est pour la première fois que je l'entends.

— Eh bien, cela veut dire glisser sur la glace avec des patins.

— Et où veux-tu que j'aie appris à patiner ? je n'ai jamais vu de glace de ma vie, seulement on m'a expliqué que c'était de l'eau que le froid durcit comme de la pierre ; et rien que de penser que j'habite un pays où ce phénomène arrive tous les ans, cela me fait frissonner des pieds à la tête, et je tremble en pensant que dans deux mois nous serons dans cette saison rigoureuse.

— Il ne faut pas, mon cher, t'exagérer les rigueurs de l'hiver ; il est plus facile de s'en garantir que des chaleurs de l'été. Avec de bons vêtements bien doublés, de bonnes chaussures, on marche, on saute et l'on court mieux qu'en été ; puis, dans l'intérieur des maisons on a des calorifères, des poêles, des cheminées qui chauffent les appartements à la température qu'on désire ; tandis que dans la canicule, comme dans vos pays situés sous la zone torride, on n'a aucun moyen, ou seulement des moyens bien insuffisants de donner un peu de fraîcheur aux habitations.

— Tu as beau dire, tu ne me réconcilieras pas facilement avec l'idée que je me fais de votre hiver; et rien que les fraîcheurs que j'ai ressenties dans les matinées de ces jours derniers ont suffi pour me transir jusqu'aux os, malgré le soin que Mme Merson avait eu de me faire quitter mes vêtements de nankin pour prendre des habits de drap.

— Bah! ce n'est rien, et tu t'y accoutumeras bientôt. Tu verras même que le froid donne aux membres plus de vigueur, et, par une belle gelée, tu te sentiras plus disposé à courir et à sauter que par les grandes chaleurs. Puis tu ne te fais pas une idée de tous les amusements que procure l'hiver; s'il tombe de la neige, nous courrons en traîneau dans le jardin; nous ferons même des montagnes russes; s'il gèle bien fort, nous ferons des glissoires et nous pourrons patiner sur la pièce d'eau, et peut-être, si M. Merson le permet, sur les bassins des Tuileries ou sur le lac du bois de Boulogne.

V

Malgré l'éloge qu'Isidore lui avait fait de l'hiver et de ses divertissements, Léon paraissait fort peu

convaincu. Cependant, à force
d'entendre dire à ses camarades
qu'on s'amusait autant dans cette
saison que dans aucune autre, sa
curiosité finit par être excitée, et
il voulut avoir au moins quelque
notion sur les objets dont il en-
tendait parler tous les jours. C'é-
tait pendant une récréation, à laquelle M. Merson assistait, comme
à l'ordinaire, prenant part de temps
en temps à la conversation de ses
élèves, et leur donnant, sous une
forme agréable, d'utiles leçons, de
sages conseils, ou des instructions
variées et intéressantes qu'ils rete-
naient mieux souvent que les leçons données en classe. Ainsi il
avait appuyé ce qu'avaient dit Isidore et quelques autres quant aux

divertissements de l'hiver, et, à ce sujet, Léon lui demanda : « Mais, Monsieur, ayez la bonté de m'expliquer d'abord ce que c'est qu'un patin, dont on me parle sans cesse, et dont je ne saurais me faire une idée.

— Mon ami, répondit M. Merson, c'est tout simplement une semelle de bois sous laquelle est fixée, dans toute sa longueur, une lame d'acier de l'épaisseur à peu près de la lame de votre couteau du côté du dos. Cette lame se relève en croissant du côté de la pointe du pied, tandis qu'à l'autre extrémité elle est coupée carrément, de manière à permettre au patineur de s'arrêter presque tout à coup en s'appuyant sur les talons. Le patin se fixe sous chaque pied à l'aide de courroies et de boucles qui s'attachent par-dessus la chaussure.

— Et l'on peut avec de pareilles entraves aux pieds marcher et courir sur la glace?

— Non, on n'y marche ni l'on n'y court; on y glisse. Mais on ne peut guère vous expliquer ce mouvement que quand vous le verrez exécuter sous vos yeux.

— Voilà, je l'avoue, un singulier divertissement, et je serais curieux de savoir qui l'a inventé.

— Ce genre d'exercice est fort ancien, et c'est la nécessité, plutôt que le désir de s'amuser, qui en a donné la première idée. Il nous vient des régions du Nord, et l'on croit qu'il a été inventé en Hollande. La plupart des paysans hollandais, pendant l'hiver, se rendent au marché des villes voisines en patinant sur les canaux gelés. Les femmes elles-mêmes emploient ce moyen de transport, et il n'est pas rare de voir dans ce pays des laitières portant des vases pleins sur leur tête, tricotant pendant leur route, franchir avec une rapidité presque incroyable la distance, quelquefois de plusieurs lieues, qui les sépare de la ville où elles vont vendre leur lait. En Norwége, l'exercice du patin est le complément obligé de toute éducation militaire. Il y a même dans ce pays un régiment de patineurs dont les

évolutions sont fort remarquables
par leur précision. Leurs patins,
qu'ils appellent *skie* ou *skielœbere,*
diffèrent entièrement des nôtres ;
ils ont près de deux mètres de long,
et ne sont pas plus larges que le
pied ; ils consistent en deux plan-
ches de sapin minces et effilées,
d'une épaisseur double dans leur
milieu et légèrement recourbées
en l'air aux extrémités. Avec ces
patins ils courent, ou plutôt ils
volent sur la neige avec tant de
rapidité, qu'ils attrapent à la
course les animaux les plus agiles.
Ils portent un bâton ferré pointu
d'un bout et arrondi de l'autre. Ce
bâton leur sert à se mettre en
mouvement, à se diriger, à se
soutenir, à s'arrêter. Ils descen-

dent avec ces patins les pentes les plus rapides, et montent avec une incroyable vélocité les montagnes les plus escarpées. Tout vit alors, tout s'anime, tout est en joie dans ces climats tristes et glacés. L'hiver est, pour ces peuples, la saison des plaisirs et des fêtes. Pour nous, ce genre d'amusement nous est souvent interdit, parce que nos hivers sont rarement assez froids pour glacer suffisamment nos rivières et nos étangs, pour qu'on puisse s'y hasarder. Aussi, en France, cet exercice n'est pratiqué d'une manière remarquable que par un petit nombre d'amateurs; je puis vous citer dans ce nombre votre camarade Isidore, qui, dès son enfance, s'est accoutumé dans son pays à se servir de patins, et qui peut-être ne se rappelle pas plus d'avoir appris à patiner que vous, Léon, d'avoir appris à nager.

— Ah! je comprends maintenant, dit Léon en s'adressant à Isidore, pourquoi tu me demandais avec tant d'assurance si je savais patiner; tu étais sûr d'avance d'être plus fort que moi dans cet exercice. Mais patience, je ne suis pas plus maladroit qu'un autre, et quand je t'aurai vu à la besogne, et que j'aurai reçu quelques leçons, je tâcherai d'attraper d'abord un accessit, et plus tard peut-être obtiendrai-je le prix.

— J'aime à vous voir cette émulation, reprit M. Merson; mais je

crois que vous ferez bien de la
réserver pour autre chose : car,
pour l'art de patiner, je doute que
vous atteigniez jamais la force d'I-
sidore.

— Nous verrons, répondit Léon ;
et je veux au moins essayer. »

VI

Cette conversation avait redou-
blé chez Léon le désir de voir arriver l'hiver au complet, avec son
cortége obligé de glace, de neige
et de frimas. En novembre il y eut
bien quelques gelées, mais peu in-
tenses et de courte durée. Léon et

son frère les trouvaient bien rudes, Octave surtout ; mais Léon l'encourageait en lui disant : « Il faut bien s'acclimater ; dans quelque temps tu ne t'apercevras pas plus du froid que tes camarades Émile Rochette et Joseph d'Orchamps. » Et lui-même grelottait en parlant ainsi.

Enfin décembre arriva. Les premiers jours furent assez tempérés ; mais du 10 au 20 le froid sévit avec une rigueur peu ordinaire dans nos contrées. A Paris, pendant trois à quatre jours, le thermomètre descendit jusqu'à 12 et 15 degrés centigrades au-dessous de zéro pendant la nuit et dans la matinée, et se soutint pendant toute la journée de 6 à 8 degrés.

Toutes les rivières furent gelées, et pendant quelques jours les patineurs eurent une belle occasion de s'exercer.

Nous ne peindrons pas la joie des élèves de M. Merson, qui attendaient avec impatience le moment de se livrer à leur divertissement favori. On commença par établir des glissoires dans le jardin, et Léon, enveloppé d'un paletot bien fourré, bien ouaté, essaya d'abord de se lancer sur ces chemins glacés. Il trébucha d'abord, puis il se raffermit, puis il finit par glisser à peu près aussi bien que les autres. Mais ce n'étaient là que des jeux d'enfants, et il tenait à voir Isidore se servir des patins sur le bassin de natation. Dès que ce bassin fut suffisamment gelé, Isidore Martel, Félix Ledoyen et Alexis Longpré, qui seuls avaient des patins, se lancèrent sur la surface unie, et tentèrent quelques évolutions, autant que pouvait le permettre l'étroit espace de ce bassin. Léon examinait curieusement de quelle manière ils se soutenaient et exécutaient leurs divers mouvements.

« Je crois, dit-il à la fin, que je pourrais bien en faire autant.

— Veux-tu mes patins? dit Alexis Longpré; j'aime mieux aller glisser avec les autres. »

Léon accepta avec empressement, et chaussa les patins. Isidore l'aida à faire ses premiers pas sur

la glace et à tenir son équilibre ;
puis il lui indiqua la manière de
se lancer en se penchant en avant
et en appuyant alternativement à
droite et à gauche. Après quelques
glissades dont il ne se tira pas trop
mal, mais où il était soutenu par
son camarade, Léon lui dit :

« Laisse-moi aller seul maintenant, je comprends parfaitement,
et tu vas voir.

— Prenez garde, mon cher Léon,
lui cria M. Merson, qui se prome-
nait le long du bord du bassin ;
vous avez tort de quitter déjà le
bras d'Isidore.

— Oh ! ne craignez rien, Monsieur, » s'écria-t-il ; et le voilà qui
se lance avec assurance. Mais il

avait mal calculé son élan, et, arrivé plus tôt qu'il ne pensait près
du bord, il n'eut pas le temps de
tourner assez vite pour changer de
direction ; il se heurta et serait
tombé lourdement sans Isidore,
qui, ayant remarqué son faux mouvement, était accouru, prompt
comme l'éclair, pour le soutenir.

« Merci, mon cher Isidore, lui
dit Léon, sans toi je prenais un fa-
meux billet de parterre. Allons, je
vois qu'il n'est pas si aisé de patiner que je me le figurais, et je ne
suis pas près de te disputer la
palme.

— Mes amis, dit M. Merson, la
récréation est terminée pour au-
jourd'hui ; demain dimanche, s'il
fait beau, nous irons, après la

messe, voir patiner sur les lacs du
bois de Boulogne.

— Bravo! bravo! » s'écrièrent
tous les enfants en regagnant joyeu-
sement leur salle d'études.

VII

Dans la récréation du soir il ne
fut question que du plaisir qu'on
se promettait pour le lendemain.
Enfin ce moment si désiré arriva.
Après la messe on déjeuna à la
hâte, et l'on partit gaiement.

Il faisait une journée magnifique.
Le froid, quoique le thermomètre
marquât 8 degrés au-dessous de

zéro, n'était pas trop rude, parce
que l'atmosphère était calme, et
que le soleil, malgré son peu de
chaleur, en adoucissait encore la
rigueur.

En arrivant au bois de Boulogne,
Léon fut frappé d'étonnement à la
vue de ces arbres dépouillés de
leurs feuilles, que remplaçait un
givre d'une blancheur éblouissante.
C'était quelque chose d'étrange
pour un enfant qui n'avait jamais
vu dans son pays que des arbres
couverts en toute saison de feuil-
lage, de fruits et de fleurs. Mais le
spectacle qui s'offrit à sa vue en
arrivant auprès du lac supérieur
effaça bientôt cette impression. Les
bords du lac étaient garnis de plusieurs milliers de spectateurs, les

uns à pied, d'autres à cheval, d'autres en voiture. Il y avait là de somptueux équipages armoriés, avec des laquais en livrées garnies de riches fourrures; de simples voitures de remise, des calèches découvertes comme en été, dans lesquelles étaient assises, ou plutôt couchées, des dames couvertes de manteaux de martre ou d'hermine, ayant sur les genoux, en guise de couverture, une magnifique peau de lion ou de tigre.

Tout ce monde avait les yeux fixés sur la surface du lac, que sillonnaient en ce moment dans tous les sens des centaines de patineurs, les uns se faisant admirer par leur grâce et leur légèreté, les autres excitant le rire par leur maladresse et quelquefois par leur chute plus ou moins lourde. Quelques-uns tracent, en se jouant, des lettres et des figures sur la glace, d'autres se heurtent en passant ; ils chancellent : les spectateurs prévoient en riant une chute prochaine ; mais l'adroit patineur, s'appuyant sur un de ses talons, reste un instant immobile, glisse et reprend avec grâce son équilibre.

Tandis que Léon, tout occupé de ce spectacle, ne s'aperçoit pas de ce qui se passe autour de lui, son attention est attirée par un monsieur placé derrière lui qui s'écrie :

« Voilà un tout jeune homme qui patine admirablement bien. »

Et en même temps il montrait

4

à une dame le patineur dont il voulait parler. Léon suivit des yeux la direction indiquée par le monsieur ; il reconnut aussitôt, à son grand étonnement, dans ce patineur remarquable, son ami Isidore. Pour s'en assurer, il se retourne et jette un coup d'œil sur ses camarades : Isidore n'y était plus. M. Merson, qui a deviné Léon, lui dit en souriant :

« Isidore a voulu vous faire une surprise ; il m'a dit que si vous désiriez aller le rejoindre, il viendrait vous chercher à l'embarcadère.

— Non, non, je n'en suis pas tenté ; je n'ai pas envie de faire rire à mes dépens toute cette nombreuse assemblée. »

Cependant la grâce, la souplesse

et l'aplomb d'Isidore avaient été remarqués non-seulement des spectateurs, mais des patineurs eux-mêmes. Plusieurs s'approchèrent de lui, et lui proposèrent de se joindre à eux pour exécuter différentes figures de danses, de joute et de course. Il se tira admirablement de ces divers jeux, et reçut les félicitations de tous ceux qui l'entouraient. Quelques instants après, les mêmes patineurs lui proposèrent de faire deux fois le tour du lac avec eux, en offrant un prix à celui qui arriverait le premier. Isidore hésita, en disant qu'il ne pouvait s'engager pour un pari sans la permission de son chef d'institution.

« Aôh! ça ne fait rien, dit un

gros Anglais, qui paraissait avoir proposé cette espèce de *steeple-chase*, moi parier pour vous, vous rien perdre et gagner seize livres si arriver le premier. »

Isidore, pressé par les autres amateurs, finit par accepter.

De l'endroit où se trouvaient M. Merson et ses pensionnaires, on n'avait pu rien entendre de ce colloque. Tous pensaient qu'il s'agissait de quelques nouveaux jeux, et attendaient avec impatience ce qui allait arriver. Au même instant un certain nombre de patineurs partirent du groupe où se trouvait Isidore, et parcoururent le lac dans toutes les directions, répétant à tous ceux qu'ils rencontraient une espèce de mot d'ordre.

Aussitôt un espace vide fut laissé tout le long des bords du lac, semblable à la piste tracée sur le *turf,* ou champ de course des chevaux. Tout le monde devina alors ce qui allait se passer, et attendit avec impatience ce nouveau spectacle.

Le point de départ, pour les coureurs, avait été fixé à l'endroit du lac appelé *la Source.* Dix patineurs y prirent part, et de ce nombre était Isidore. Tous les dix furent rangés sur une même ligne, et, à un signal convenu, ils s'élancèrent ensemble. A peine étaient-ils arrivés à l'autre extrémité du lac, que quatre se trouvèrent tellement distancés, qu'ils abandonnèrent la partie. Les six autres achevèrent le premier tour, se trouvant disposés en trois couples se suivant à une faible distance. Au premier couple, c'est-à-dire en tête, marchait Isidore avec un jeune Écossais qui tantôt le dépassait, tantôt était dépassé par lui. Les spectateurs prenaient un intérêt marqué à cette lutte, et de bruyants applaudissements accueillaient les coureurs à leur passage devant les différents groupes qui bordaient le rivage. Inutile de dire les trépignements, les bravos, les hourras qui saluèrent Isidore quand il passa devant la pension Merson.

Au second tour, à un tournant, le patineur qui se trouvait immédiatement derrière Isidore perdit l'équilibre, et, en tombant, s'ac-

crocha à son compagnon , qu'il en-
traîna dans sa chute ; les deux derniers furent obligés de faire un
détour pour ne pas tomber eux-
mêmes sur ceux qui les précé-
daient, de sorte qu'ils se trouvèrent considérablement distancés
d'Isidore et de l'Écossais, qui res-
taient seuls à lutter. Pendant quelques instants ils continuèrent à s'a-
vancer de front, et si près l'un de
l'autre, qu'on eût dit qu'ils se te-
naient par la main. Tout à coup,
au dernier tournant, Isidore, par
un vigoureux élan, dépasse son ri-
val ; l'autre veut l'imiter et le rat-
traper, comme cela lui était plusieurs fois arrivé pendant la course ; mais cette fois il était trop
tard, et Isidore avait atteint le but

avant que l'autre eût rejoint l'heureux vainqueur.

Aussitôt des applaudissements
frénétiques partirent de toute la
circonférence du lac; les camarades d'Isidore coururent le recevoir à l'embarcadère, où il fut en
quelque sorte porté en triomphe
par les nombreux parieurs qui, à
son insu, avaient engagé des som-
mes considérables sur lui. Le gros
Anglais était en tête, et, en le quit-
tant, il lui dit :

« Aôh ! vô être un brave jûne
homme ! voilà pour vous souvenir
de moâ. »

Et il lui remit un joli petit souvenir de maroquin. Nous ne décri-
rons pas les transports de joie de

ses condisciples, et surtout de
Léon, qui l'embrassait et lui serrait
les mains en lui disant :

« Tu ne sais pas tout le bonheur
que tu m'as fait ! »

M. Merson s'empressa de jeter
un manteau sur les épaules d'Isidore, et l'on se remit aussitôt en
marche pour gagner la rue du
Roule.

VIII

En route, Isidore raconta à
M. Merson et à ses camarades les

détails qui avaient précédé la course en patins.

« Et avez-vous réclamé les seize livres que vous avait promises l'Anglais ?

— Je n'y ai pas seulement songé; mais en nous séparant, il m'a remis ce joli souvenir de maroquin vert; voyez. »

Et il présenta l'objet à M. Merson. Celui-ci l'ouvrit, et dans une des poches il trouva seize livres sterling en billets de banque.

« Eh bien, voilà vos seize livres; il ne vous avait pas trompé.

— Et combien cela fait-il en monnaie de France ?

— Cela fait quatre cents francs.

— Quatre cents francs ! est-ce possible ?

— Ma foi ! s'écria Léon, voilà ce qu'on peut appeler de l'argent lestement gagné.

— Et que comptez-vous faire d'une pareille somme ? demanda M. Merson.

— Oh ! Monsieur, je ne voudrais pas en toucher un sou pour moi ; mais nous avons nos pauvres, vous savez, et c'est à eux que je la destine.

— Bien, mon enfant, très-bien ; et je n'attendais pas moins de vous. Cela arrivera fort à propos dans cette saison rigoureuse où les malheureux éprouvent tant de besoins. »

Pour comprendre ce que voulait dire Isidore, il faut savoir que M. Merson avait l'habitude d'exercer ses élèves à diverses œuvres de charité. Il ne se contentait pas de les faire souscrire pour une somme plus ou moins forte qu'on donne ensuite au bureau de bienfaisance, en ayant soin de faire constater cette aumône dans les journaux. Il s'informait auprès de M. le curé de Saint-Philippe-du-Roule des familles les plus nécessiteuses de la paroisse, et il allait, avec ses élèves, les visiter et leur porter des secours, voulant ainsi les accoutumer de bonne heure à voir par eux-mêmes les souffrances de l'humanité, et les habituer à y compatir.

Quand Léon entendit parler d'une bonne œuvre, il demanda à s'y associer.

« Je n'ai pas partagé ton triomphe de tantôt, que je puisse au moins participer à la bonne action que tu vas faire !

— Je ne demande pas mieux, » répondit Isidore.

Tous les autres voulurent aussi y prendre part, et firent entre eux une collecte qui s'éleva à 88 fr. 50 c. M. Merson ajouta 11 fr. 50 c. pour parfaire la somme de 100 fr., ce qui porta à 500 fr. la somme à distribuer.

Dès le soir même, cette somme fut répartie entre les familles pauvres secourues habituellement par la pension Merson, tant en numéraire qu'en bons pour du bois, du pain, de la viande, etc.

En sortant de ces maisons, Isidore dit à Léon :

« Mon cher ami, les bénédictions de ces bonnes gens me flattent infiniment plus que les applaudissements que j'ai reçus tantôt.

— Je te crois facilement ; car, pour moi, j'en ai éprouvé une satisfaction que je n'avais jamais connue. Aussi je m'étonne que dans l'énumération que tu me faisais l'autre jour des plaisirs de l'hiver, tu n'aies pas compris le bonheur qu'éprouvent ceux qui ont de la fortune à soulager les malheureux qui souffrent.

« — Mon ami, c'est que les riches peuvent se donner ce plaisir-là dans toutes les saisons. »

FIN

6955. — Tours, impr. Mame.

www.ingramcontent.com/pod-product-compliance
Lightning Source LLC
LaVergne TN
LVHW022130080426
835511LV00007B/1100